GESEGNET

SEI DER

Moment,

der dir gerade
geschenkt ist.

Lebens Segen

Gebete
Meditationen
Rituale

Klaus Vellguth

BUTZON + BERCKER

Inhalt

Entdecke
die *Farben*
deines Lebens.

BUNT WIE EIN Kaleidoskop IST DEIN LEBEN.

Doch du siehst die Muster, Farben und Veränderungen nur dann, wenn du dir die Zeit nimmst, um durch das Kaleidoskop zu schauen.

Die Texte in diesem Buch laden dazu ein, den Alltag zu durchbrechen und einen Blick in das Kaleidoskop deines Lebens zu wagen.

Du darfst dabei die Farben-blindheit zwischen den Zeilen überwinden und den Segen der Farben deines Lebens neu entdecken.

Heute. Hier. Jetzt.

Lebenssegen

Das Leben als Frühlingserwachen,
die Landschaft färbt sich grün,
Knospen springen auf,
du strotzt vor Kraft,
das Leben bricht durch:
Energie, Dynamik, Wachstum.
Gesegnet bist du,
wenn du das Leben
als ein Frühlingserwachen spürst.

Das Leben als Sommertag,
die Sonne steht im Zenit,
Pflanzen strahlen um die Wette,
du spürst die Sonne in dir,
grenzenlose gute Laune:
Freude, Leichtigkeit, Lachen.

Gesegnet BIST DU,
WENN DAS LEBEN DICH
MIT SOMMERTAGEN VERWÖHNT.

Das Leben
im nahenden Herbst,
der Nebel ruht auf den Feldern,

Blätter lösen sich vom Ast,

Ruhe breitet sich in dir aus,

Erntezeit des Lebens:

Zufriedenheit, Stolz, Gelassenheit.

Gesegnet bist du,

wenn das Leben dich

mit farbenfrohem Herbst beschenkt.

Das Leben
mitten im Winter,
nichts blüht in der Natur,
der Boden hart gefroren,
du spürst die Eiszeit in dir,
Stillstand und Tod:
Trauer, Müdigkeit, Resignation.
Gesegnet bist du,
wenn die Winterzeit des Lebens
dir bereits vom Frühling kündet.

Der *Kreislauf des Lebens,*
aufgeteilt auf 365 Tage.

Doch Leben ist anders,

unberechenbar und **neu**.

GESEGNET BIST DU,

wenn deine Seele

die *Jahreszeiten des Lebens,*

wild an jedem Tag vermischt,

dankbar annehmen kann.

Segen

des AUGENBLICKS

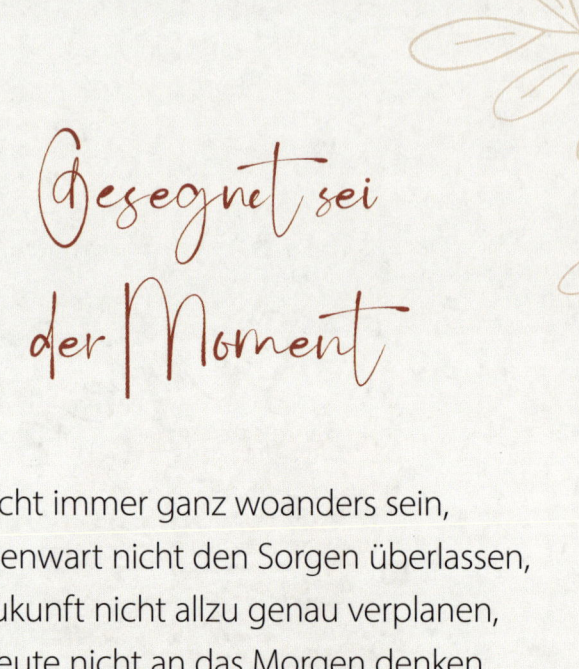

Gesegnet sei der Moment

Nicht immer ganz woanders sein,
die Gegenwart nicht den Sorgen überlassen,
die Zukunft nicht allzu genau verplanen,
im Heute nicht an das Morgen denken.
Eintauchen in den aktuellen Tag.

GESEGNET
SEI DER MOMENT,
DER DIR GERADE
geschenkt IST.

Meditation

SEGEN SPÜREN

Einfach da sein
in diesem *Augenblick.*
Jetzt. Hier.
Die Augen schließen
und einige Sekunden innehalten.

Tief durchatmen und
den Segen
spüren.

Ritual

Zwei meiner Gefühle zu diesem Segen …

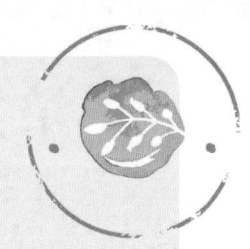

Segen der Zufriedenheit

Gesegnet bist du,
wenn du in deinem Leben
nicht immer schneller,
höher, weiter musst,
sondern dich glücklich
zurücklehnen kannst,
zufrieden mit dem,
was der Tag dir schenkt,
und versöhnt auch mit dem,
was die Stunden
dir vorenthalten haben.

Gesegnet bist du,
wenn du gelernt hast,
den Reichtum deines Lebens
zu geniessen.

Gebet

ANGEKOMMEN

Herr, segne meinen Tag.
Segne die Stunden,
die du mir schenkst.
Was ich berühre, was ich höre,
was ich sehe, was ich rede,
soll gesegnet sein.

Herr, halte mich
in deinen Händen,
deinen Ohren,
deinen Augen,
deinem Herz.

An diesem Tag
und alle Tage meines Lebens.

Irischer Segen

Mein Gebet

Ritual

Innere Zufriedenheit finden …

SEI DANKBAR
FÜR DIE KLEINEN DINGE.

BLEIB KREATIV
UND OFFEN FÜR VERÄNDERUNG.

SEI ACHTSAM
ZU DIR SELBST.

GÖNN DIR RUHE
UND NIMM DIR ZEIT.

VERTRAUE
UND SPÜR DEN SEGEN.

Segen des Zweifels

Gesegnet bist du,
wenn du nicht
stets alles weißt,
nicht immer
den Durchblick im Leben hast
und längst nicht klar hast,
wo es langgeht.

Gesegnet bist du,
wenn du deinen
Unsicherheiten traust,
die Frage nicht mit
zu schnellen Antworten bedeckst
und den Zweifel
willkommen heißt.

Gesegnet bist du,
wenn du vorsichtig tastend
eine leise Ahnung für dein Morgen
suchst.

Segen der Einsamkeit

Gesegnet bist du,
wenn du nicht nur
mit vielen Menschen,
sondern auch allein
mit dir glücklich bist.

Gesegnet bist du,
wenn du nicht
vor dir selbst wegläufst,
sondern deine eigene
Nähe zulassen magst.

Gesegnet bist du,
wenn du
im Schweigen des Tages
Gottes *Flüstern*
hören kannst.

Meditation

WEISUNGEN DEINES HERZENS

Gehe in die Stille.
In der Stille wirst du
zarte Weisungen
deines Herzens empfangen,
die dir den Weg weisen –
den einen, je richtigen Weg.

Elisabeth Lukas

Segen des Humors

Gesegnet bist du,
wenn du das Leben
nicht nur ernst
nehmen kannst.
Weil ein ernstes Leben
viel zu schwer ist,
um es lange zu ertragen.

GESEGNET BIST DU,
WENN DU DAS LEBEN
ZWISCHENDURCH AUCH
AUSLACHEN KANNST.
WEIL DER HUMOR
DEIN LEBEN EINFACH
LEICHTER MACHT.

Segen der Zärtlichkeit

Gesegnet bist du,
wenn du heute
für andere Menschen,
für Gespräche,
Erfahrungen, Gedanken,
zärtlich empfinden kannst.

Gesegnet bist du,
wenn du heute
dem neuen Tag
mit all seinen
Aktivitäten
zärtlich begegnest.

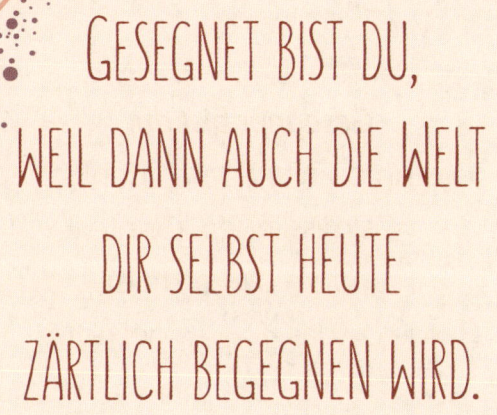

GESEGNET BIST DU,
WEIL DANN AUCH DIE WELT
DIR SELBST HEUTE
ZÄRTLICH BEGEGNEN WIRD.

Segen der Zuversicht

Gesegnet bist du,
wenn du nicht daran denkst,
was misslingen könnte,
sondern dir vorstellst,
wie dir das Leben gelingt.

Gesegnet bist du,
wenn du nicht befürchtest,
dass du deinen Aufgaben
nicht gewachsen bist,
sondern darauf vertraust,
dass du mit
den Herausforderungen
wachsen wirst.

SEI NICHT SO STRENG
MIT DIR!

Du schaffst das!

Segen des
Scheiterns

Gesegnet bist du,
wenn dir nicht immer alles
gelingen muss.

Gesegnet bist du,
wenn du immer wieder auch
scheitern darfst.

Gesegnet bist du,
weil du dann grenzenlose
Gelassenheit *gewonnen* hast.

Gebet

DEM LEBEN TRAUEN

Auch in der Kultur der Stärke und Leistung
darfst du deiner Schwäche trauen.

Auch an einem Tag der Eile und des Fortschritts
darfst du deiner Müdigkeit trauen.

Auch in einer Welt,
die nur das Vollkommene sehen will,
darfst du deiner Fehlerhaftigkeit trauen.

Auch im Sog des Größer,
Höher, Schneller, Weiter
darfst du deinen kleinen Schritten trauen.

GOTT SIEHT AUCH DAS
KLEINE UND SEGNET ES.

DAMIT MENSCHEN SO WIE
ELIJA ERLEBEN:

UNSER GOTT OFFENBART SICH JA NICHT
IM MÄCHTIGEN WIND ODER GEWALTIGEN FEUER,
SONDERN IM SANFTEN, LEISEN SÄUSELN.

Nach 1 Könige 19,11–13

Segen der Nähe Gottes

Gesegnet bist du,
wenn du den
Moment suchst,
an dem alles
um dich herum
still wird.

Gesegnet bist du,
wenn du die
Erfahrung machst,
dass du
in diesem Moment
nicht allein bist.

Gesegnet bist du,
wenn du diesen Moment
geniessen kannst
als Intimität Gottes.

Ritual

ZEIT FÜR Gott

Nimm dir täglich
einige Minuten Zeit.
Dann rede mit Gott.
Stell dir vor,
er sitzt auf einem Stuhl
vor dir,
schaut dich an und fragt:
„Was willst du,
das ich dir tun soll?"

Nach Theodor Bovet

HÖREN

Ich suche die Stille.
Ich schließe die Augen.
Ich werde selber still.
Ich atme und höre.
Ich höre nach innen.
Ich sehe und fühle.
Ich verweile ein wenig.
Dann atme ich tief durch.
Ich bin gestärkt.

Gott ist ein
Freund der Stille.

Mutter Teresa

Segen der NATUR

Segen der Rose

Weil aus der zunächst
noch zarten Knospe
die vielen roten Blätter
sich zur Blüte öffnen
und dabei ihr Rot
grenzenlos verschenken,
ein viel tieferes Rot
als farblich jemals möglich,
und der Stiel dabei
ganz ohne Dornen.

Gesegnet bist Du,
wenn auch Du
den Moment der *Rose*
erleben darfst.

Segen des Löwenzahns

Beim Löwenzahn
in die Schule gehen.
Beobachten, wie die
zarten Knospen sprießen
und zu kräftigen
gelben Blüten wachsen.

Erleben, wie die Blüte
als Kugel ergraut,
sich als Pusteblume
in den Wind stellt.

Gesegnet bist du,
wenn du wie der Löwenzahn
das Loslassen deiner
Blüte gelernt hast.

Meditation

WERDE
kreativ.

BRING *Farbe*
INS BILD.

KOMM ZUR
Ruhe.

In der *Kunst*
wie im Leben ist
alles möglich,
wenn es auf

Liebe basiert.

Marc Chagall

Segen des Vergissmeinnichts

Fast unmerklich begleitet dich
das **Vergissmeinnicht,**
weder schrill noch aufdringlich,
fast schon bescheiden
mit dem zarten Blau
seiner Blüte am Wegesrand
und flüstert dir
ohne einen einzigen Laut
kaum hörbar
seine **Botschaft.**

GESEGNET BIST DU,
WENN WIR für alle Zeiten
IN GEDANKEN MITEINANDER
VERBUNDEN SIND.

Segen der Astern

Ganzjährig verschenken die
Astern ihre Farben,
begleiten uns
bis in den November,
um im nächsten Jahr
wieder da zu sein,
und erinnern
als Sternblumen daran,
dass gerade die
bunte Ausstrahlung fasziniert.

Gesegnet bist Du, wenn du dich
in deinem bunten Leben
von der Ausstrahlung der Astern
anstecken lässt.

Segen des Huflattichs

Unter ganz verschiedenen
Namen ist er bekannt
und taucht ganz früh
im Jahr bereits auf,
um mit seinen Blütenblättern
Husten zu lindern
und als Arznei der Natur
sanfte Heilung zu schenken.

Gesegnet bist du,
wenn du die Botschaft
des Huflattichs verstehst
und auch in deinem Leben
die Hoffnung auf Heil
und Heilung nicht verlierst.

Gebet

LOBPREIS SEI DIR

Großer und wunderbarer Gott.
Du hast die Himmel erschaffen
und wohnst dort
in Licht und Klarheit.

Du hast die Erde gemacht
und offenbarst dich in jeder Blüte,
die sich öffnet.

Lass meine Augen nicht blind,
mein Herz nicht tot sein für dich.

Lehre mich vielmehr,
dich zu preisen wie die Lerche,
die bei Tagesanbruch
ihr Lied erklingen lässt.

Isidor von Sevilla

Segen der Blumenwiese

Ein buntes Farbenspiel
verändert die *Blumenwiese*
im Jahresverlauf
und schenkt ihr immer neu
ein faszinierend
leuchtendes *Gewand.*
Dabei ruft
die Blumenwiese dir zu,
dass bunte *Vielfalt*
schöner ist als Einheitsgrau.

GESEGNET BIST DU,
WENN AUCH DU IN DEINEM LEBEN

Vielfalt UND *Wandel*
ZULASSEN KANNST.

Segen der Seerose

Wie ein Juwel inmitten
eines grünen Blättermeeres
schwimmt die Blüte der Seerose
auf der Wasseroberfläche
und erzählt den Betrachtern
ihre Weisheit,
dass die Schönheit sich
an unterschiedlichsten Orten wohlfühlt
und selbst bei Gewitter oder Sturm
niemals untergeht.

GESEGNET BIST DU,
WENN DU AUCH ÜBER DIE
Schönheit DEINES LEBENS
JEDEN TAG NEU
STAUNEN KANNST.

Ritual

Sich *Zeit* zum *Staunen* nehmen.
Worüber kannst du staunen?

„Werdet wie die *Kinder!*"
Matthäus 18,3

STAUNEN
IST DER ANFANG
ALLER WEISHEIT.

Aristoteles

Segen des Lavendels

Beheimatet auf sonnenreichen
Feldern der Provence
ebenso wie in den Gärten
deiner Heimat,
verzaubert der Anblick
seiner violetten Blüten,
bevor der Lavendel
sein Lebensglück
als feinen Geruch
freigiebig verschenkt.

GESEGNET BIST DU,
WENN DU SELBST
NICHT NUR DEN *Lavendel,*
SONDERN AUCH DAS GLÜCK DES LEBENS
RIECHEN KANNST.

Meditation

Den Segen des Duftes spüren

Der Duft von Lavendel ist besonders intensiv. Aber auch Rosen, Kräuter und frisches Heu beschenken uns mit ihrem Duft. Bestimmte Düfte wecken Erinnerungen an die Kindheit oder an schöne Erlebnisse.

Nimm dir einige Minuten Zeit für diese Übung. Sie kann im Garten, in der Natur oder zu Hause erfolgen. Stelle dazu duftende Blumen oder Blüten mit Duftwasser auf oder verwende Früchte oder einen aromatischen Tee.

BLUMEN SIND DAS *Lächeln* DER ERDE.

Ralph Waldo Emerson

- Stelle oder setze dich aufrecht hin. Du kannst deine Augen schließen.
- Atme langsam durch die Nase ein.
- Riechst du etwas? Welchen Duft nimmst du wahr?
- Ist der Duft stark oder schwach?
- Ist er frisch, erdig, süßlich, blumig, fruchtig?
- Welche Erinnerungen weckt der Duft in dir?
- Welche Gefühle löst er aus?
- Wenn du möchtest, ändere einmal den Standort.
- Nimm dann noch mal intensiv wahr, was du riechst.
- Zum Schluss atme noch einmal tief ein. Dann öffne deine Augen. Du darfst dich beschenkt fühlen.

Segen
AHNEN

Segen der Arbeit

Wenn du nicht
die Last der Arbeit spürst,
sondern dich am
Fortschritt freuen kannst.

Wenn dich nicht die
Monotonie der Arbeit lähmt,
sondern wenn du
ihren *Rhythmus* hilfreich findest.

Wenn du Kollegen nicht
als krank machende Konkurrenz,
sondern als entlastende
Hilfe erleben darfst.

Dann erlebst du bereits jetzt,
wie die Arbeit dir
zum *Segen* wird.

Segen der Freizeit

Weil du nicht zuerst
für die Arbeit da bist.

Weil du mehr
als Leistung bist.

Weil du selbst
im Mittelpunkt stehst:

Gesegnet bist du,
wenn du Ruhe, Muße und
deine Freizeit genießen kannst.

Und dann braucht
man ja auch Zeit,
um nur dazusitzen
und vor sich hin zu schauen.

Astrid Lindgren

Ritual

Ein Tag für dich

Der Tag wartet auf dich,
damit du ihn mit *Kreativität*
und *Fantasie*
zärtlich gestaltest.
Er freut sich, wenn du ihm voller Lust
ein einzigartiges und unverwechselbares
Gesicht modellierst.

Der Tag ist bereit.

Nimm ihn dankbar an.

Dazu segne dich Gott,

der diesen Tag und alle Tage

seit Beginn der Schöpfung täglich neu

für dich, für mich,

für uns erschaffen hat.

Segen der Freundschaft

Wenn ein Mensch
deine Seele berührt,
wenn ein Gespräch
am Ende nicht verstummt,
wenn ein Schweigen
Nähe schenkt.

Wenn ein Wort
deine Sehnsucht weckt,
wenn eine Geste
dein Vertrauen stärkt,
wenn ein Lächeln
die Welt verzaubert.

DANN SPÜRST DU

DEN SEGEN DER FREUNDSCHAFT.

GESEGNET SOLLST DU SEIN.

Segen der Musik

Immer *neu*
freunden sich die Noten an,
um als **Melodie**
zu erklingen.

Immer *anders*
erfindet sich der **Rhythmus**,
um den Takt
vorzugeben.

Immer verschieden
kommen die Instrumente zusammen,
um gemeinsam
die Musik zu gebären.

Gesegnet bist du,
wenn die Musik des Lebens
immer wieder neu in dir erklingt.

Segen des Buches

Mehr als nur
die gedruckten Worte
leben in einem Buch.

Mehr als nur
die beschriebenen Personen
handeln in einem Roman.

Mehr als nur
die Geschichte
passiert in deiner *Fantasie.*

Gesegnet bist du,
wenn du
die Erzählung
deines Lebens
eines Tages
neu zu lesen lernst.

Segen des Feierns

Gesegnet bist du,
wenn das Essen und Trinken
mit anderen dir
Gemeinschaft schenkt.

Gesegnet bist du,
wenn die Gespräche
deine Gedanken weiten
und Vertrauen schenken.

GESEGNET BIST DU,
WENN DU BEIM FEIERN
DEN ÜBERFLUSS DES MOMENTS
GENIESSEN KANNST.

SEGEN DES ALLEINSEINS

Zeit für dich.
Oase der Ruhe,
wohltuende Stille,
nicht geführter Dialog.

Zeit ohne Anspruch,
Gedanken, die belanglos
vagabundieren dürfen,
ohne Widerhall.

Gesegnet bist du,
wenn du dein Alleinsein
als Freiheit und
Geschenk Gottes spürst.

Meine Oasen der Ruhe

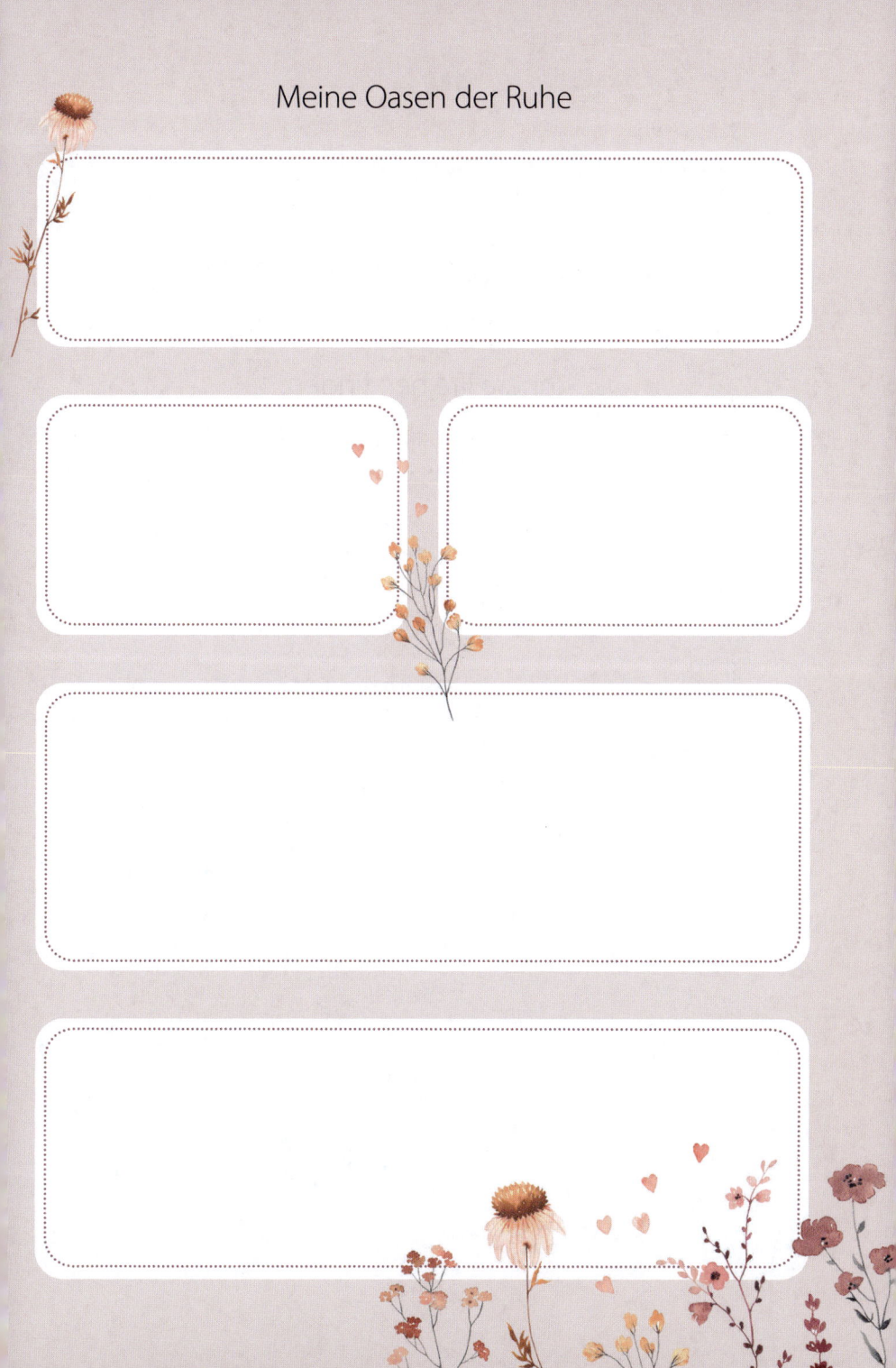

Ritual

Innere Freiheit finden.

Lebe deine Werte.

Sei einfach du selbst.

Befreie dich von den Zwängen.

Vertrau Gottes bedingungsloser Liebe.

Segen
des Fahrrades

Auf dem Fahrrad ist es
wie im Leben:
Solange du die Balance hältst,
kann es nur vorwärts gehen.

Gesegnet bist du,
wenn dir die Balance
auf dem Fahrrad
deines Lebens gelingt.

Möge die Strasse uns zusammenführen
und der Wind in deinem Rücken sein;
sanft falle Regen auf deine Felder und
warm auf dein Gesicht der Sonnenschein.

Irischer Segen

Gebet

Ich danke dir

Herr,
ich danke dir für
die Schönheit in der Natur,
die mich anlacht und mir sagt:
„Gottes Welt ist *wunderbar*."

Herr,
ich danke dir für
den Menschen, dem ich begegne,
und von dem ich denke:
„*Schön*, dass es dich gibt."

HERR, ICH DANKE DIR
FÜR DEN SEGEN,
MIT DEM DU MICH
JEDEN TAG BESCHENKST.
AMEN.

Segen der Sonne

Gesegnet bist du,
wenn dich am Morgen
die ersten *Sonnenstrahlen*
zärtlich im Gesicht streicheln.

Gesegnet bist du,
wenn du das *Licht,*
den Boten des Lebens,
zu Beginn des Tages begrüßt.

Meditation

Segen der Sehnsucht

Halte in der Hektik des Alltags kurz inne
und spüre diesen Worten nach:

Gesegnet bist du,
wenn du trotz aller
Dunkelheiten in deinem Leben
nie die Sehnsucht
nach dem *Licht* verlierst.

Gesegnet bist du,
wenn du heute
die Kraft des *Lichtes*
in deinem eigenen Leben
neu entdeckst.

Segen des Wassers

Bestimmt kennst du
dieses Gefühl:
Du trinkst einen Schluck *Wasser*
an einem heißen Tag –
deinen ganzen Körper durchströmt
eine wohltuende Frische.

GESEGNET SEI DEIN TAG HEUTE
MIT SOLCH EINER FRISCHE,
DIE DIR KRAFT FÜR
DEINE PLÄNE GEBEN WIRD.

Segen am TAG

Segen des Tages

Bestimmt kennst du dieses Gefühl:
Du trinkst am frühen Morgen
deinen ersten Schluck Kaffee oder Tee
und die Trägheit der Nacht
fließt aus deinem Körper.

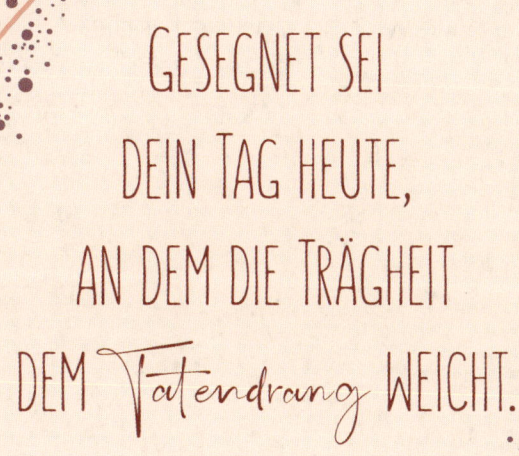

GESEGNET SEI
DEIN TAG HEUTE,
AN DEM DIE TRÄGHEIT
DEM *Tatendrang* WEICHT.

Ritual

Welche Rituale begleiten dich durch den Tag?
Wie wichtig sind sie für dich?

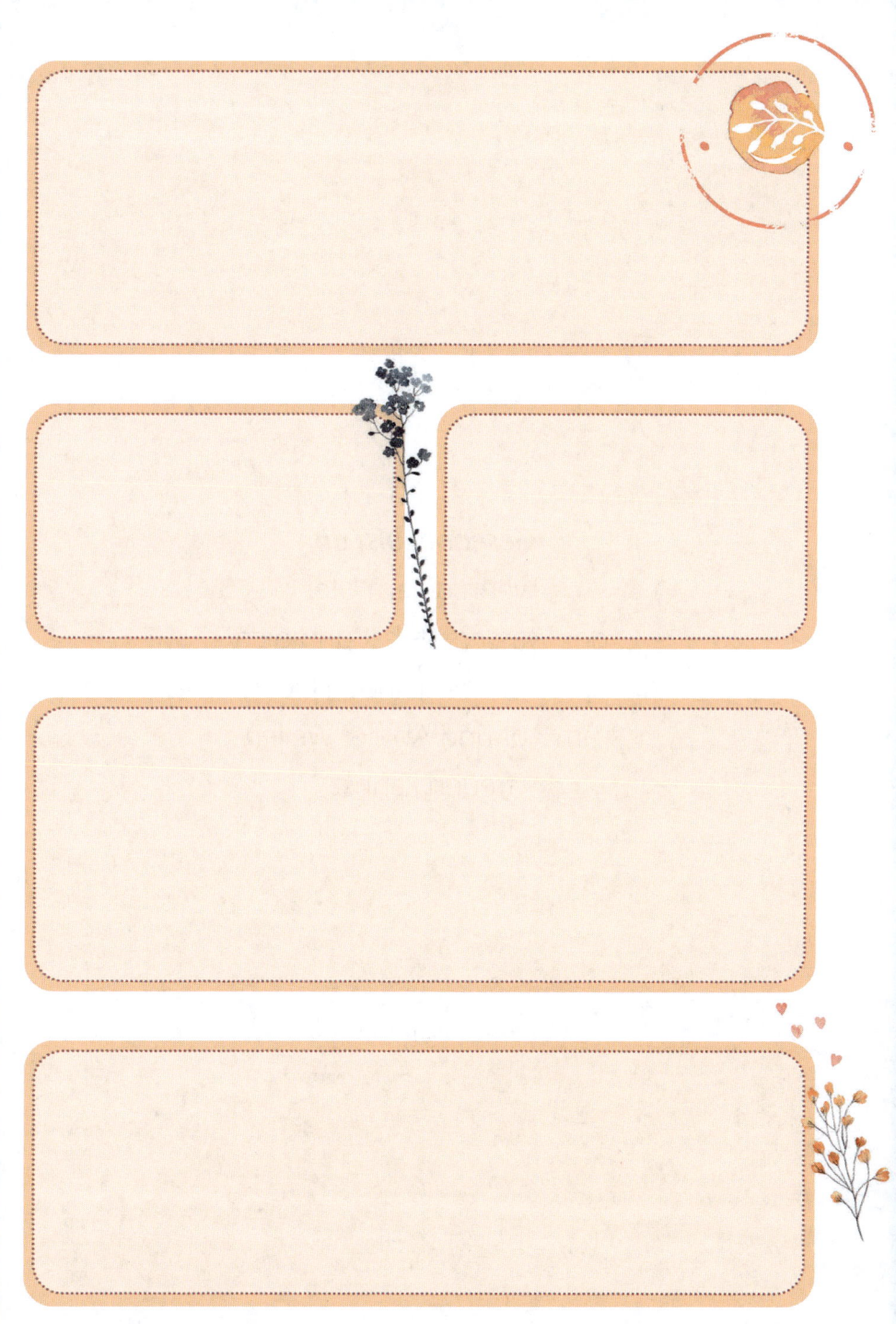

Segen der Variation

Gesegnet bist du,
wenn du am Ufer
des Wassers stehst und dich
statt an einer spiegelnden Oberfläche
am Auf und Ab der Wellen
freuen kannst.

GESEGNET BIST DU,
WENN DU IM GEBIRGE WANDERST
UND WEDER DEN *Berg*
NOCH DAS *Tal* VERDAMMST,
SONDERN DEN NATÜRLICHEN WECHSEL
DER *Landschaft* BEWUNDERN KANNST.

Segen des Anhaltens

Die Schritte werden schneller,
die Hektik hat auch dich erfasst,
immer schneller eilst du durch den Tag.
Bis eine Stimme in dir spricht:

Halt an und genieße
den Augenblick.
Gesegnet sollst du sein.

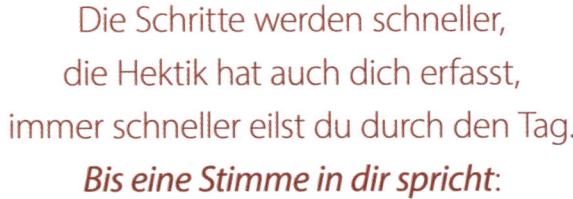

HALT AN,
WO LÄUFST DU HIN,
DER HIMMEL IST IN DIR.

Angelus Silesius

Folge
deinem *Herzen*
und glaub an
DICH.

SEGEN DES Träumens

Gesegnet ist deine
Kunst zu träumen.
Sie erlöst dich
aus deinem vertrauten Alltag
und nimmt dich mit
auf die große Reise,
zu der du noch nicht
aufbrechen magst:

Weil dir der Mut fehlt.
Weil dich die Pflicht ruft.
Oder weil du
noch nicht gelernt hast,
dich auf die Spuren
deiner Fantasie zu begeben.

Meditation

Spuren Gottes entdecken

Werde kreativ!

Lasse dich beim *Ausmalen* von meditativer Musik und dem Gedanken begleiten:

Wo kann ich Spuren Gottes in meinem Leben entdecken?

Segen des Tages

Der Tag gehört dir,
damit du ihn
voller Staunen und Demut
als Geschenk entgegennimmst.

Ihn darfst du betrachten,
in ihn eintauchen,
untertauchen, auftauchen,
und dafür danken,
dass es diesen Tag
für dich gibt.

Dazu segne dich Gott,
der diesen Tag und alle Tage
seit Beginn der Schöpfung
für uns erschaffen hat.

Segen der Heimat

Gesegnet bist du,
damit du eines Tages
weder die Einsamkeit
noch die Wildnis,
die Leere, das Unbekannte
oder die Gefahr
aus deinem
Leben verbannst.

VIELLEICHT WIRST DU
DANN MERKEN, DASS DU
SCHON HIER BEI DIR
DEINE WAHRE HEIMAT
FINDEN KANNST.

Segen des Wunders

Mögest du einen Tag erleben,
an dem du Dinge neu entdeckst
und dabei merkst:
Dein Leben steckt voller Wunder.

Mögest du einen Tag erleben,
an dem du irgendwann einmal
innehältst und spürst:
Der Segen Gottes ist mit dir.

Gebet

VOM LEBEN BEGEISTERT

Stecke mich an, Heiliger Geist,
mit deiner Kraft – und besiege
meine Mutlosigkeit.

Stecke mich an, Heiliger Geist,
mit deiner Begeisterung – und
überwinde meine Trägheit.

Stecke mich an, Heiliger Geist,
damit ich mein Leben
begeistert lebe.

Segen des Abends

Zufriedenheit sei mit dir,
wenn du auf diesen Tag
zurückblickst mit all dem,
was gelungen und misslungen ist.

Mit Zufriedenheit, Glück
und Gelassenheit
segne Gott
den Ausklang des Tages,
damit du in Frieden
von ihm lassen kannst.

Von guten Mächten wunderbar geborgen, erwarten wir getrost, was kommen mag.

Dietrich Bonhoeffer

MEIN SPIEGELBILD

Ritual

SEGEN DES SPIEGELS

Beim Blick in den Spiegel
kannst du erkennen,
wie einmalig
dein Leben dir
geschenkt wurde.

Schau dich selbst
einige Minuten im Spiegel an,
und dann sage laut:

*Mir zum Segen soll
mein Leben sein.*

Segen des Rückblicks

Stolz ohne Hochmut wünsche ich dir,
wenn du heute
auf den Tag zurückblickst.
Manches ist dir geglückt,
und all das Unvollkommene
ruht nun in Gottes Hand.

Gesegnet sei dieser Tag und Abend
mit Stolz, Freude und Zuversicht.
Trotz aller dunkler Facetten
bringt Gott diesen Tag zum Strahlen.

GOTT, DU SIEHST MICH,
MEIN GANZES LEBEN IST DIR
VERTRAUT.

Psalm 139,3

Segen der Ruhe

Als Gott die Erde erschuf,
vergaß er nicht,
dass Ruhe zum Leben gehört.
Nur in Harmonie von
Ruhe und Bewegung
kann das Leben gelingen.

Deshalb spricht
eine Stimme in dir:
Halt an und pflege die Ruhe.
Gesegnet wirst du sein.

Meditation

SELIG DIE HUNGRIGEN

Nicht die Satten rief Jesus,
sondern die Hungrigen.
Seine Anhänger hatten Hunger
auf Gemeinschaft,
auf Hoffnung,
auf Heilung
und auf eine Vision.
Selig bist du,
wenn auch du
diesen Hunger spürst.

Welcher Hunger treibt mich an?

Segen der Niederlage

Gott segne deine Niederlagen,
die Stunden deiner Misserfolge,
Frustrationen und *Traurigkeit.*

Gott segne dich
mit einem Blick
der *Zärtlichkeit*
auf all das,
was verletzt und unvollkommen ist.

Gebet

GEBORGEN

Herr,
ich bin zur Ruhe
gekommen,
mein Herz ist
zufrieden und still.
Wie ein kleines Kind
in den Armen seiner Mutter,
so ruhig und geborgen
bin ich bei dir!

Psalm 131,2

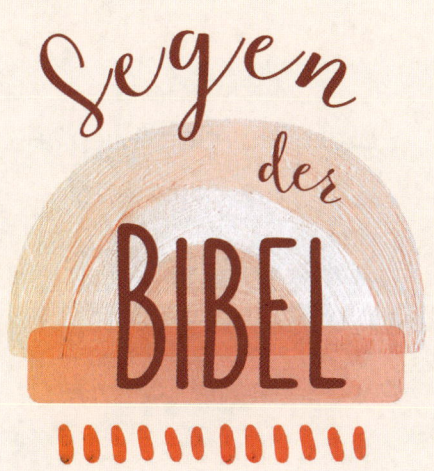

Segen der BIBEL

Aaronitischer Segen

Der *Herr*
segne dich
und behüte dich!

Der *Herr*
blicke dich freundlich an
und sei dir gnädig!

Der *Herr*
wende sich dir in Liebe zu
und gebe dir Frieden!

4. Mose/Numeri 6,24–26

Meditation

Mein Gottesbild

Welches Bild von Gott ist mir am nächsten?
Welche Eigenschaften verbinde ich mit Gott?
Ich nehme mir ein wenig Zeit, darüber nachzudenken.
Im Hintergrund kann meditative Musik laufen.
Die Begriffe können eingekreist werden.

Herr   *Freund*

ALLMÄCHTIG

Schöpfer

Mutter

Vater

Beschützer

Zärtlich

Unnahbar

Kraftvoll

Mut machend

Begleiter

Barmherzig

Tröster

Hirte

Strafend

Liebe

Vertrauter

Erlöser

Vergebend

Befreier

Wen Jesus...

Glücklich sind,
die erkennen, wie arm sie vor Gott sind,
denn ihnen gehört
sein *himmlisches Reich*.

Glücklich sind,
die über diese Welt trauern,
denn sie werden *Trost* finden.

... glücklich preist

Glücklich sind,
die auf Frieden bedacht sind,
denn sie werden die *ganze Erde* besitzen.

Glücklich sind,
die Hunger und Durst
nach *Gerechtigkeit* haben,
denn sie sollen satt werden.

Matthäus 5,3–6

Wem Gottes Segen gilt

Glücklich sind,
die Barmherzigkeit üben,
denn sie werden Barmherzigkeit erfahren.

Glücklich sind,
die ein reines Herz haben,
denn sie werden Gott sehen.

Glücklich sind,
die Frieden stiften,
denn Gott wird sie seine Kinder nennen.

Glücklich sind,
die verfolgt werden,
weil sie nach Gottes Willen leben;
denn ihnen gehört sein himmlisches Reich.

Matthäus 5,7–10

Ritual

BRIEF AN GOTT

Trage Gott deine Anliegen vor, deine Freude,
deinen Dank, deinen Ärger, deine Sorgen …

SEGENS-TAGEBUCH

Schreibe jeden Abend auf, was du an dem Tag als segensreich erlebt hast, zum Beispiel ein Treffen mit einer guten Freundin, einem guten Freund oder kleine Dinge, wie ein leckeres Mittagessen …

Montag

Dienstag

Mittwoch

Donnerstag

Freitag

Samstag

Sonntag

Montag

Dienstag

Mittwoch

Donnerstag

Freitag

Samstag

Sonntag

To-dos

Montag

Dienstag

Mittwoch

Donnerstag

Freitag

Samstag

Sonntag

To-dos

Abbildungen: Cover, Vor- u. Nachsatz, S. 1–155: © Nikole (Blumen, Gräser, Herzen); S. 2, 5, 7, 15, 18, 20, 24, 26, 32, 42, 46, 49, 56, 60, 62, 64f., 72, 75, 80, 92, 96, 100, 105, 108, 115f., 124, 134, 139, 142:© inna72 (Symbole); S. 10f.: © doucefleur; S. 12: © Kudryashka (Baum); S. 14f., 48f., 74f., 104f., 138f.: © Taiga (Hintergrund); S. 16, 28f., 44f., 88f., 94f., 106, 110f., 120f., 132: © Toey Meaong (Hintergrund); S. 17, 26, 36f., 46f., 51, 56f., 68f., 76f., 92, 107, 133, 136, 142f.: © KatyaKatya (Kreis, Punkte); S. 19, 33, 61, 101, 125, 146: © vanillarin (Berge, Sonne); S. 31, 55, 113, 131: © yugoro (Kreise), S. 40: © Henry Letham; S. 50: © Guz Anna (Blume); S. 52f.: © Mary fleur (Pusteblumen, Libellen); S. 54f.: © si.verik (Ausmalbild); S. 71: © PhotoIris2021; S. 80f., 128f.: © alex (Hintergrund); S. 82f., 144f.: © Aleksandra (Regenbogen); S. 84f.: © Chica (Noten); S. 86f.: © dariaustiugova (Buch); S. 95: © topvectors (Fahrrad); S. 98: © Chris; S. 99, 150f.: © TWINS DESIGN STUDIO (Federn); S. 102f.: © bukhavets (Wellen); S. 103: © Дарья Артемова (Boot); S. 103: © magann (Fisch); S. 116f.: © juliyas (Ausmalbilder); S. 140f.: © songdech17 – alle: stock.adobe.com

Bibliografische Information der Deutschen Nationalbibliothek
Die Deutsche Nationalbibliothek verzeichnet diese Publikation in der Deutschen Nationalbibliografie; detaillierte bibliografische Daten sind im Internet über http://dnb.d-nb.de abrufbar.

Das Gesamtprogramm von Butzon & Bercker finden Sie im Internet unter www.bube.de

ISBN 978-3-7666-3601-0

© 2024 Butzon & Bercker GmbH, Hoogeweg 100, 47623 Kevelaer, Deutschland, www.bube.de
Alle Rechte vorbehalten.
Umschlaggestaltung: Tanja Manden, Kevelaer
Layout und Satz: Roman Bold & Black, Köln